Bibliografische Information der Deutschen Nationalbibliothek:

Die Deutsche Bibliothek verzeichnet diese Publikation in der Deutschen National-
bibliografie; detaillierte bibliografische Daten sind im Internet über http://dnb.d-
nb.de/ abrufbar.

Impressum:

Copyright © 2014 GRIN Verlag, Open Publishing GmbH
Druck und Bindung: Books on Demand GmbH, Norderstedt Germany
ISBN: 9783668476721

Dieses Buch bei GRIN:

http://www.grin.com/de/e-book/369021/web-3-0-daten-sind-das-oel-des-21-jahrhun-
derts-datenschutz-datensicherheit

Eugen Grinschuk

Web 3.0. Daten sind das Öl des 21. Jahrhunderts. Datenschutz & Datensicherheit, Social Media, BigData, SmartData

Innovative Themen der Wirtschaftsinformatik

GRIN Verlag

GRIN - Your knowledge has value

Der GRIN Verlag publiziert seit 1998 wissenschaftliche Arbeiten von Studenten, Hochschullehrern und anderen Akademikern als eBook und gedrucktes Buch. Die Verlagswebsite www.grin.com ist die ideale Plattform zur Veröffentlichung von Hausarbeiten, Abschlussarbeiten, wissenschaftlichen Aufsätzen, Dissertationen und Fachbüchern.

Besuchen Sie uns im Internet:

http://www.grin.com/

http://www.facebook.com/grincom

http://www.twitter.com/grin_com

Web 3.0: Daten sind das Öl des 21. Jahrhunderts

Innovative Themen der Wirtschaftsinformatik

Eugen Grinschuk

Inhaltsverzeichnis

Abbildungsverzeichnis

Abkürzungsverzeichnis

SMS   Short Message Service

XMPP   Extensible Messaging and Presence Protocol

Vorwort

Das Assignment für das Studienmodul WIN03 - Innovative Themen der Wirtschafts-
informatik - wurde von Daniel Falkner und Eugen Grinschuk gemeinsam recherchiert
und im Anschluss erstellt. Aus diesem Grunde wird eine einheitliche Gruppenbeno-
tung ausdrücklich gewünscht.

1 Einleitung

Öl als Rohstoff hatte noch bis vor wenigen Jahren eine sehr wichtige Rolle inne. Denn
wer Öl besaß, hatte Geld und somit Macht. Heute sind es die Daten, die von besonderer
Bedeutung sind. Dies zeigt, dass Unternehmen, welche hauptsächlich Daten verarbeiten, mittlerweile mehr Wert sind als Mineralölkonzerne[1]. Denn wer viele Informationen über seine Benutzer und deren Verhalten besitzt, kann Produkte und Werbung besser positionieren und sich somit einen Marktvorteil verschaffen, sodass mehr Umsatz
generiert werden kann.

1.1 Motivation und Ziel dieser Arbeit

Die Motivation dieser Arbeit ist, dass die Aussage *Web 3.0: Daten sind das Öl des 21.
Jahrhunderts* im Raum steht. So gilt es zu überprüfen, ob der sehr wichtige und heute
kaum weg denkbare Produktionsfaktor Öl, weniger wichtiger ist, als der Produktionsfaktor Daten. Das Ziel dieser Arbeit ist es, die Chancen und Risiken der Daten und der
Datenvielfalt zu erkennen und aufzuzeigen. Außerdem soll die Wichtigkeit der Daten
im 21. Jahrhundert, analog vergleichbar mit der Wichtigkeit des Öls im früheren sowie
jetzigen Jahrhundert dargelegt werden.

1.2 Aufbau der Arbeit

Diese Arbeit ist in drei Teile aufgeteilt. Im Grundlagenteil werden allgemeine Themen erarbeitet. Neben sozialen Netzwerken sowie der Datenhaltung mittels Big Data
wird das Unternehmen Google und auch die Technik zum Cookie-Tracking erörtert.
Der Hauptteil widmet sich den Diskussionen über aktuelle Geschehnisse wie Übernahmen von Unternehmen durch andere Unternehmen sowie Spionage durch andere
Organisationen. Des Weiteren werden die Möglichkeiten zur Verwendung dieser Daten sowie ein Vergleich zum Datenschutz und zur Datensicherheit aufgezeigt. Da es
sich um sehr sensible Daten handelt, werden auch mögliche Schutzmaßnahmen vorgestellt. Zum Schluss wird eine Zusammenfassung und ein Ausblick auf Chancen und
Risiken gegeben.

---

[1][Marken, 2014]

2 Grundlagen

In diesem Kapitel werden allgemeine Grundlagen zum weiteren Verständnis der Arbeit erörtert. Für die große Flut an Daten werden neue Speichersysteme als auch neue Möglichkeiten zur Datenextraktion und Auswertung benötigt. Big Data bietet diese Möglichkeiten. Neben der Erläuterung von sozialen Netzwerken allgemein sowie Whatsapp und Facebook im Detail wird auf das Unternehmen Google eingegangen. Zuletzt wird die Technik Cookie-Tracking vorgestellt.

2.1 Was sind Daten

Daten sind in erkennungsfähiger Form dargestellte Elemente einer Information, die in Systemen verarbeitet werden können. Man unterscheidet zwischen digitalen und analogen Daten; bei den digitalen zwischen numerischen und alphanumerischen. In diesem Zusammenhang hat man es vor allem mit Nachrichten zu tun, die nicht durch menschliche Sinne aufgenommen, sondern datenverarbeitenden Anlagen zur automatischen Verarbeitung zugeführt werden oder von diesen gesendet wurden[2].

Damit sind Daten heute für viele Unternehmen ein weiterer wichtiger Produktionsfaktor[3]. Für diese Unternehmen sind Informationen in Form von Daten sehr wichtig, wie zum Beispiel Produktionsdaten, Produktdaten, Kundendaten oder Marktforschungsuntersuchungen. Damit ein Unternehmen gegenüber der Konkurrenz einen gewissen Vorsprung erlangt und sich am Markt behaupten kann, muss es die entsprechenden Daten bereits frühzeitig erheben und möglichst schnell und zielführend auswerten. Deswegen erheben immer mehr Unternehmen eine Unmenge von Daten und versuchen diese möglichst optimal für ihren Verwendungszweck auszuwerten. Seit dem 19. Jahrhundert gilt Öl als ein wichtiger Rohstoff[4] und ist als Produktionsfaktor unabdingbar. Heute sind Daten für die Unternehmen mindestens genauso wichtig, wenn sogar nicht noch wichtiger. Mittlerweile ist das Unternehmen Apple mehr Wert als der Mineralölkonzern Exxon Mobil. Google, ein Unternehmen welches hauptsächlich Daten

---

[2][Daten, 2014]
[3][Produktionsfaktor, 2014]
[4][Bukold, 2009] Seite 9-17

verwertet, holt rasant auf[5].

2.2 Big Data

Da Daten mittlerweile zu einem zusätzlichen Produktionsfaktor geworden sind, wird eine neue Technologie benötigt, damit diese Daten nicht nur gespeichert, sondern auch analysiert werden können. Unter dem Begriff Big Data werden von IT-Experten zwei unterschiedliche Aspekte zusammengefasst. Auf der einen Seite stehen die immer schneller wachsenden Datenmengen gegenüber den neuen IT-Technologien wie Apache Hadoop, welche den Unternehmen helfen aus der Informationsflut die relevanten Informationen extrahieren zu können[6]. Beim Einsatz von Big Data innerhalb von Unternehmen steht sicherlich eine Bestärkung der primären Zielerreichung einer Unternehmensstrategie im Fokus. Die Umwandlung der Big Data in Smart Data[7], welche das entscheidungsrelevante Wissen enthalten, erfolgt in einem Kreislauf. Da alle Aktivitäten einer ständigen Optimierung unterliegen und nur dann qualitative Ergebnisse liefern können, müssen die Ergebnisse der einzelnen Aktivitäten immer wieder an den Ausgangspunkt des Kreislaufs zurückgespielt und in neuen Aktivitäten berücksichtigt werden. Dieser Prozess nennt sich Big Data Smart Loop und wird grafisch in Abbildung 1 veranschaulicht.

---

[5][Unternehmen, 2014]
[6][Big Data, 2014]
[7][Bachmann et al., 2014] Seite 45-47

Abbildung 1: Big Data Smart Loop - Quelle: [Bachmann et al., 2014] Seite 47

2.3 Soziale Netzwerke

Bei sozialen Netzwerken handelt es sich um eine Verbindung von Menschen zu einer Netzgemeinschaft. Generell wird zwischen privaten und Business Plattformen unterschieden. Die Implementation solcher Netzwerke erfolgt meistens auf Basis von Webanwendungen und bieten dem Benutzer die Möglichkeit ein persönliches Profil anzulegen sowie öffentliche und private Nachrichten zu versenden. In der eigenen Timeline[8] werden die öffentlichen Nachrichten chronologisch aufgelistet und sind für die anderen Benutzer sichtbar. Einige Funktionen erweitern sogar unseren Wortschatz. Die Möglichkeit jemanden zu seiner Freundesliste hinzufügen nennt man *adden* und wurde sogar in der aktuellen Ausgabe des Duden hinzugefügt[9]. Gerade in sozialen Netzwerken findet man eine Flut von unstrukturierten Daten, welche einen Großteil von Big Data ausmachen[10].

---

[8]deutsch: Zeitleiste (Auflistung der eigenen Profilaktivitäten)
[9][Duden, 2014]
[10][Big Data, 2014]

2.3.1 Whatsapp

Whatsapp ist ein Instant-Messaging-Dienst analog zum Short Message Service (SMS) im Mobilfunknetz und wurde von Jan Koum und Brian Acton gegründet. Whatsapp ist ein Wortspiel aus *What's up?* und bedeutet *Was gibt's?*. Mit der Abwandlung auf App wird der Bezug zu Smartphone Applikationen hergestellt. Die Übertragung der Nachrichten erfolgt mittels dem Extensible Messaging and Presence Protocol (XMPP)[11] über das Internet. Die Software ist für verschiedenste Smartphone Plattformen verfügbar und bietet dem Benutzer erweiterte Möglichkeiten im Vergleich zur SMS. Darunter fallen der kostenlose Austausch von Nachrichten, Fotos, Videos sowie Standort- und Kontaktdaten[12]. Im Frühjahr 2014 konnte Whatsapp 450 Millionen Mitglieder verzeichnen, welche 18 Milliarden Nachrichten pro Tag versendeten[13]. Das Unternehmen hat immer wieder negative Schlagzeilen wegen Datenschutzverletzungen und Sicherheitsproblemen gemacht[14], genießt aber trotz diesen teilweise sehr gravierenden Mankos eine hohe Akzeptanz bei der Bevölkerung.

2.3.2 Facebook

Facebook wurde von Mark Zuckerberg am 4. Februar 2004 gegründet und zählt heute mit 1,2 Milliarden Benutzern, aus aller Welt, zu dem größten sozialen Netzwerk und zu der am zweitmeisten besuchten Webseite weltweit[15]. Facebook ermöglicht es Fotos, Standorte, Musik und Videos mit seinen Freunden zu teilen oder Nachrichten zu schreiben. Facebook wird heute von mehr als 33% der Benutzer 1 - 3 Stunden täglich genutzt[16]. Mit dem Börsengang im Jahre 2012, muss das soziale Netzwerk Facebook Gewinne erzielen und ausbauen, um die Aktionäre, die als Investoren fungieren, zufrieden zu stellen. Die Finanzierung des kostenlosen Netzwerks findet dabei ausschließlich über eingeblendete und personalisierte Werbung statt. Durch die Bekanntgabe von persönlichen Daten wie Alter, Geschlecht, Ort und Interessen kann personalisierte Werbung einfacher erstellt und geschaltet werden. Facebook sammelt durch die geteilten

[11][Whatsapp, 2014b]
[12][Whatsapp, 2014a]
[13][Whatsapp Benutzung, 2014]
[14][Whatsapp, 2014b]
[15][Facebook, 2014a]
[16][Facebook, 2014b]

Fotos, Interessen, Orte und weiterer geteilter persönlichen Informationen, sehr viel Daten, welche nicht gelöscht werden[17]. Unter anderem steht Facebook deshalb oft wegen mangelhaften Datenschutzes in der Öffentlichkeit unter Kritik.

2.4 Google

Das Unternehmen Google wurde im Jahre 1998 von Larry Page und Sergey Brin gegründet. Heute besitzt das Unternehmen die weltweit größte und am meisten genutzte Suchmaschine im World Wide Web[18] sowie die am meisten besuchte Webseite[19] weltweit. Mehr als 620 Millionen Benutzer nutzen Google täglich. Dabei wird eine Datenmenge von über 20 Petabyte generiert[20]. Seit dem Börsengang im Jahre 2004, zählt das Unternehmen heute zu der dritt wertvollsten Marke hinter dem Unternehmen Apple und dem Mineralölkonzern Exxon Mobil[21]. Der Webcrawler[22] durchsucht das World Wide Web und speichert sämtliche Webseiten, Fotos, Videos und viele weitere Informationen auf den Google Servern ab. Durch die verschiedenen Dienste, die von den Benutzern genutzt werden, ist das Unternehmen in der Lage, zusätzliche Informationen über diese Benutzer zu sammeln. Google sammelt zahlreiche Informationen über seine Benutzer, speichert sie in ihrer Datenbank ab und wertet diese zur Verbesserung ihres Services aus[23]. Das Unternehmen bietet zahlreiche verschiedene Dienste, wie Google Mail, Google Maps, Google Streetview, Google Earth, Google Drive und weitere an[24]. Durch die große Vielfalt an verschiedenen Diensten häufen sich sehr viele unterschiedliche und teilweise sehr große Daten und Datenmengen an. Diese gilt es zu speichern, auszuwerten und strategisch wichtige Daten für sich zu nutzen. Die größten Einnahmen verzeichnet das Unternehmen durch Werbung in der eigenen Suchmaschine oder platzierter Werbung auf anderen Webseiten[25]. Dabei nutzt es die ausgewerteten Daten und stellt personalisierte Werbung bereit.

---

[17][Apel, 2013]
[18][Marktanteil, 2014]
[19][Topsites, 2014]
[20][Fakten, 2014]
[21][Unternehmen, 2014]
[22][Schneider, 2013] Seite 25
[23][Philosophy, 2014]
[24][Google Produkte, 2014]
[25][Fakten, 2014]

2.5 Cookie-Tracking

Mittels Cookie-Tracking wird es dem Webseitenbetreiber ermöglicht, einen sogenannten Cookie auf die Festplatte des Benutzers abzulegen. Dies dient zur Wiedererkennung und der Nachverfolgung des Benutzers. Die Dauer über die Gültigkeit eines solchen Cookies legt der Webseitenbetreiber bzw. der Ersteller des im Werbemittel enthaltenen Cookies fest. Mithilfe der Cookie-Tracking Methode kann der Webseitenbetreiber ein Profil des Benutzers erstellen. Damit erhält dieser die Informationen über den Benutzer wie zum Beispiel verwendeter Browser, IP Adresse, verwendetes Betriebssystem und Auflösung, Aufenthaltsdauer auf der Webseite und vieles mehr. Mit den zahlreichen Informationen ist der Webseitenbetreiber imstande, personalisierte Werbung anzeigen zu lassen oder Produkte individuell nach dem Benutzerprofil anzubieten. Für das Online-Geschäft ist dieses Verfahren von großer Bedeutung, denn ohne dieser Methode wäre personalisierte Werbung nicht möglich und sogenannte Affiliates[26] würden keinen Umsatz generieren[27]. Die Kehrseite des Cookie-Trackings ist allerdings der Datenschutz. Da mit dieser Methode Benutzerprofile erstellt und persönliche Daten gesammelt werden können, besteht die Gefahr, dass diese missbräuchlich genutzt werden.

3 Hauptteil

Im Hauptteil dieser Arbeit wird auf die Besonderheit und Wichtigkeit der unstrukturierten sowie auf mögliche Verwendbarkeit der aufbereiteten Daten eingegangen. Allerdings hat alles eine Schattenseite. Dies wird im Unterpunkt Datenschutz und Datensicherheit dargestellt. Zudem werden mögliche Schutzmaßnahmen gegen die Datenerhebung und somit eine Vorbeugung vom Missbrauch dieser erläutert.

3.1 Aktuelles Geschehen

Die aktuellen Geschehnisse in der Presse geben ein Beispiel wie wichtig Daten für Unternehmen mittlerweile sind. Das soziale Netzwerk Facebook übernimmt Whats-

---

[26][Seo-United, 2014]
[27][Cookietracking, 2014]

App und auch Google kauft einen weiteren Anbieter, nämlich das Unternehmen Nest Labs. Aber nicht nur Übernahmen von Unternehmen durch andere größere Unternehmen um an deren Daten und Wissen zu kommen schmücken die Schlagzeilen, sondern auch Spionage und Datendiebstahl.

3.1.1 Facebook kauft Whatsapp

Die Schlagzeilen *Milliarden-Übernahme: Facebook kauft Konkurrenten WhatsApp*[28] oder *Für 19 Milliarden Dollar Facebook kauft WhatsApp*[29] geben dem Wert von Daten eine ganz andere Bedeutung. Der Dienst Whatsapp kann für eine Jahresgebühr pro Benutzer von 1 US Dollar ohne weitere Kosten genutzt werden. Setzt man den Kaufpreis von 19 Milliarden US Dollar mit den 450 Millionen aktiven Benutzern in Relation, kann man ableiten, dass Facebook pro Benutzer 42 US Dollar bezahlt hat. Dies bedeutet, dass die erhobenen Daten eine 42-fache Wertsteigerung zu verzeichnen haben. Facebook kauft dadurch nicht nur einen Konkurrenten auf, sondern erweitert vielmehr seine Datensammlung über vorhandene Benutzer sowie über Benutzer, welche Facebook bisher nicht genutzt haben. So sind auch Gruppenchats und deren Inhalte auswertbar und verwendbar. Damit ließe sich personalisierte Werbung für die Benutzer oder in der Gruppe schalten. Mit den Gruppenchats sind ebenso die Beziehungen der einzelnen Benutzer untereinander ersichtlich

3.1.2 Google kauft Nest Labs

Für mehr als drei Milliarden US Dollar kauft das Unternehmen Google den Thermostat- und Rauchmelder Hersteller Nest Labs[30]. Informationen direkt aus dem Haushalt der Benutzer sind sehr private Angelegenheiten und besonders wertvoll. Mit dieser Art von Daten können zahlreiche Informationen über Besitzer solcher intelligenten Geräte erlangt werden. Dadurch können weitere intelligente Geräte für Zuhause (Smart Home[31]) kreiert, diese verbessert oder mit weiteren Geräten verknüpft werden, wodurch weitere Informationen über die Besitzer des Hauses gesammelt werden. Damit wird

---

[28][Facebook kauft Whatsapp, 2014b]
[29][Facebook kauft Whatsapp, 2014a]
[30][Google kauft Nest, 2014]
[31][Smart Home, 2014]

jeder Besitzer solcher intelligenten und Information sammelnden Geräte zu einem gläsernen Menschen[32].

3.1.3 Dell kauft Analytics-Firma StatSoft

Mit der Übernahme der Analytics-Firma StatSoft verschafft sich Dell Informationen über eine Software, welche Daten aus zahlreichen Quellen filtern und analysieren kann[33]. Damit erweitert das Unternehmen Dell[34] sein Portfolio um eine Data-Mining Software mit dem Ziel, die große Menge an Daten entsprechend zu analysieren. Darüber hinaus übernimmt Dell die Kunden von StatSoft in über 25 Ländern und somit auch die Informationen darüber.

3.1.4 Kundendaten entwendet, gefährliche Sicherheitslücke entdeckt

Schlagenzeilen wie *Kundendaten entwendet* oder *neue gefährliche Sicherheitslücke entdeckt* sind immer wieder in den Zeitungen und Nachrichten zu lesen bzw. zu hören. Dabei werden Kundendaten wie Benutzername und Passwort entwendet um diese zu verkaufen, auf Kosten der Opfer online einzukaufen oder sich anderweitig zu bereichern[35]. Zuletzt waren über 18 Millionen E-Mail Adressen betroffen, bei denen die Passwörter gestohlen wurden. Der Schwarzmarkt für gestohlene E-Mail Adressen floriert und die Kriminellen können mit diesen Daten vielfältige Schäden anrichten.

3.1.5 NSA und Spionage

Eines der am häufigsten diskutierten Themen sind die Spionageaffären der NSA[36]. Die NSA überwacht viele Staaten weltweit und kann die Daten sehr gut filtern, sodass die NSA Aussagen über die Qualität der Rechtschreibung in deutschen E-Mails oder Wichtigkeit der geführten Telefonate in Deutschland machen kann[37]. Mit solchen Aussagen ist das Ausmaß der Überwachung nicht ganz eingrenzbar, die Vermutung

---

[32][Mensch, 2014]
[33][Dell kauft Starsoft, 2014]
[34][Dell, 2014]
[35][E-Mail Passwörter, 2014]
[36][NSA, 2014]
[37][NSA Rechtschreibung, 2014]

der Wirtschaftsspionage liegt allerdings sehr nahe. Damit kann den ausgespähten Unternehmen ein Schaden entstehen, wenn die Informationen an amerikanische Unternehmen weiterverkauft oder anderweitig verwertet werden.

3.2 Mögliche Verwendbarkeit von Daten

Mit den gesammelten und gespeicherten Daten können Auswertungen und Benutzerprofile erstellt werden, woraus sich zahlreiche Chancen für die Unternehmen ergeben. Die ausgewerteten Daten tragen zur besseren Verständlichkeit der Kunden durch die Unternehmen bei. Denn aus der Auswertung geht hervor, welche Produkte wie oft, von welcher Altersklasse und Geschlecht gekauft wurden sowie aus welcher Region die Kunden stammen. Damit ist es möglich, Produkte, die nur selten gekauft werden aus dem Sortiment zu nehmen und Platz für neue Produkte zu schaffen. Des Weiteren kann durch die Ermittlung der Altersklasse festgestellt werden, wer die Zielgruppe ist und das Auftreten des Unternehmens und Marketing der Produkte auf diese Altersklasse besser abgestimmt werden. Wenn ein Benutzerprofil erstellt wurde, kann Dank diesem, dem Benutzer personalisierte Werbung angezeigt werden. Außerdem werden dem Benutzer die für ihn möglicherweise interessanten Artikel empfohlen, was wiederum zur Umsatzsteigerung beiträgt. Je mehr Daten über den Benutzer gesammelt und somit bekannt sind, desto gezielter und individueller kann die Werbung platziert werden, was sich wiederum als Erfolg im Umsatzwachstum wiederfinden lässt. Aus diesem Grund steigt das Interesse danach, mehr Informationen über die Benutzer zu sammeln. Damit steigt zugleich die benötigte Speicherkapazität, um alle Informationen speichern zu können. Big Data stellt diese Kapazität zur Verfügung und bringt neue effektive Methoden für die Auswertung und Verarbeitung dieser großen Massen an Informationen. Große Daten werden mit spezieller Software analysiert, die auf vielen Verschiedenen, teilweise auf bis zu über 1000 Prozessoren und Servern gleichzeitig arbeitet, um die Daten schneller verarbeiten zu können[38]. Mit Data-Mining wird es ermöglicht, die großen Mengen an Daten auszuwerten[39]. Neben der Verwendung der gesammelten Daten für personalisierte Werbung können eigene Produkte verbes-

---

[38] [Mayer-Schönberger and Cukier, 2013]
[39] [Runkler, 2009]

sert werden. Durch die Auswertung der Verweildauer auf der Webseite und die Dauer bis zum Kauf eines Produktes sowie die Häufigkeit dieses Vorgangs, kann die Webseite verbessert werden, sodass die Benutzer länger auf dieser verweilen und diese zu potenziellen Kunden werden. Für die Analyse der Verweildauer des Benutzers, dem Weg und Dauer bis zum Kauf des Produktes können verschiedene Werkzeuge, teilweise kostenfrei, verwendet werden, wie zum Beispiel Google Analytics[40] oder die Open-Source Software Piwik[41]. Damit wird dem Webseitenbetreiber ermöglicht, viele Informationen über den Benutzer zu erfahren und diese für eigene Zwecke zu verwenden. Darüber hinaus können solche Daten, die von anderen Unternehmen gesammelt wurden, wiederum an andere Unternehmen verkauft werden, damit diese die erworbenen Daten für eigene Zwecke verwenden können.

Das ist allerdings nicht alles, wofür die Daten verwendet werden können. Die Kehrseite und damit das damit verbundene Risiko der massenhaften Datenspeicherung ist, dass die Daten missbräuchlich genutzt werden können. Dazu zählen neben den E-Mail SPAM[42]-Maßnahmen auch unerlaubte Werbung via Postweg oder gar telefonische Anrufe. Datendiebstahl und Datenmissbrauch werden in der heutigen Zeit immer häufiger in den Nachrichten erwähnt. Werden gespeicherte Kundendaten bei einem Unternehmen entwendet, so besteht die Gefahr, dass diese missbräuchlich genutzt werden. Insbesondere bei Kreditkarten- oder anderen Zahlungsmitteldaten ist der Diebstahl oder Verlust dieser verheerend, da den Betroffenen ein finanzieller Schaden entstehen kann. Das wohl größte Ziel hinter der Ansammlung dieser großen Maßen an Daten ist, dass versucht wird, möglichst viel über die Benutzer zu erfahren, sodass Produkte und Werbung individueller angepasst werden können.

3.3 Datenschutz und Datensicherheit

Da immer mehr Daten von den Benutzern gesammelt werden, vergeht nahezu keine Woche oder gar ein Tag, ohne etwas bezüglich Verletzung des Datenschutzes in den Medien zu vernehmen ist. Deshalb werden immer wieder höhere Strafen aufgrund von

---

[40][Analytics, 2014]
[41][Piwik, 2014]
[42][Spam, 2014]

Verletzungen des Datenschutzes verhängt. So musste das Unternehmen Google eine Strafe in Höhe von 22,5 Millionen Dollar bezahlen, weil das Unternehmen den Datenschutz missachtet hatte[43]. Immer mehr Unternehmen bieten Cloud-basierte Speicherdienste an[44]. Der bekannteste Cloud-basierte Speicherdienst ist Dropbox[45]. Damit legen viele Benutzer ihre Daten in der Cloud ab. Bei vielen Cloud-basierten Speicherdiensten mangelt es allerdings an der Datensicherheit[46]. Meist werden die Daten ohne jeglicher Verschlüsselung abgelegt, was einen Datendiebstahl erleichtert. Die meisten Anbieter solcher Cloud-basierten Speicherdienste kommen aus den USA. Dortzulande haben die Geheimdienste einfachere Möglichkeiten auf diese Daten zuzugreifen. Dies wiederum stellt ein Manko in puncto Datenschutz dar[47]. Durch die Vernetzung von verschiedenen Diensten über Webseiten hinweg oder Vernetzung von Diensten eines Unternehmens, werden auch die Benutzerdaten weitergegeben. Dies wiederum ermöglicht eine Analyse bezüglich des Benutzers, seines Verhaltens und seiner Präferenzen. Durch diese nahtlosen Übergänge wird der Datenschutz übergangen oder gar verletzt. Je mehr Informationen eine Person von sich preisgibt, desto mehr und mehr wird diese Person zu einem gläsernen Menschen.

3.4 Schutzmaßnahmen

Damit die eigene Person nicht zu einem gläsernen Meschen wird, sind einige wichtige Dinge zu beachten, wie die eigenen Daten besser geschützt werden können. Neben dem Besuchen von seriösen Webseiten, ist es ratsam, seine persönlichen Daten nicht überall preiszugeben. Behutsamer Umgang mit den eigenen persönlichen Daten verhindert, dass diese missbräuchlich genutzt werden, dies gilt insbesondere für Bank- und Kreditkartendaten. Des Weiteren kann beim Surfen im World Wide Web ein anonymer Proxyserver[48] verwendet werden. Dieser maskiert die IP-Adresse des Benutzers, sodass der tatsächliche Standort verborgen bleibt. Diese Sicherheitsfunktion bleibt ohne Wirkung, wenn dennoch persönliche Informationen auf Webseiten

---

[43][Google Datenschutzverletzung, 2014]
[44][Gorski et al., 2013]
[45][Cloudspeicher Vergleichstest, 2014]
[46][Test, 2014]
[47][Cloudcomputing, 2014]
[48][Proxyserver, 2014]

eingegeben werden oder ein Login stattfindet. Eine weitere Möglichkeit besteht darin, beim Surfen im World Wide Web das Cookie-Tracking zu verbieten. Damit werden keine Cookies mehr gesetzt und die Aktivitäten des Benutzers nicht aufgezeichnet. Dies allerdings kann dazu führen, dass einige Webseiten nicht mehr richtig angezeigt werden können, da diese Sitzungscookies[49] benötigen. Abbildung 2 zeigt beispielhaft das Unterbinden des Trackings im Browser Firefox.

Abbildung 2: Cookie-Tracking unterbinden im Browser Firefox

Wer möglichst wenig persönliche Informationen preisgibt, der ist von personalisierter Werbung sowie Datendiebstahl stärker geschützt und je weniger der Betreiber der Webseite über die Person weiß, desto höher ist der Datenschutz dieser Person, zumindest beim Surfen im World Wide Web. Um die eigene Datensicherheit in der Cloud[50] zu erhöhen, sollten nur sichere Cloud-basierte Speicherdienste verwendet oder die dort abgelegten Daten selbstständig verschlüsselt werden[51]. Höherer Datenschutz auf dem eigenen Rechner und bei E-Mails wird ebenfalls durch Verschlüsselung der

---

[49][Cookies, 2014]
[50][Hoellwarth, 2013]
[51][Verschlüsselung, 2014b]

wichtigen Daten sichergestellt[52]. Für Login Bereiche auf den unterschiedlichen Webseiten sollten möglichst komplexe Passwörter aus Groß- und Kleinschreibung, Zahlen, Buchstaben sowie Sonderzeichen, sofern zugelassen, verwendet werden.

4 Zusammenfassung und Ausblick

Zusammenfassend lässt sich feststellen, dass Daten definitiv das Öl des 21. Jahrhunderts sind. Denn ohne die zahlreichen Informationen, aus denen Daten gewonnen werden, gäbe es zahlreiche Unternehmen und Dienste nicht. Nahezu das gesamte Internet besteht aus Informationen und somit aus Daten, womit das Informieren und Teilen von Informationen immens erleichtert worden ist. Informationsverarbeitende Unternehmen werden ständig wertvoller und Öl fördernde Unternehmen nehmen an Wert ab. Daten sind heute ein sehr wichtiger Produktionsfaktor für nahezu alle Unternehmen und mindestens so wichtig, wie das Öl seit dem 19. Jahrhundert für die Industrie.

Die Unmengen von Daten stellen zahlreiche Chancen und Risiken dar. Die Unternehmen können die Daten als Chance für die Verbesserung von Produkten und Service und somit zum Umsatzwachstum verwenden. Zusätzlich können die Unternehmen viel Geld einsparen, indem sie die Daten effizient und intelligent auswerten und für sich nutzen. Allerdings stellt das Erheben und Preisgeben der vielen, teilweise auch persönlichen, Informationen ein ständiges Risiko dar. Denn bei Datendiebstahl können die Daten missbräuchlich genutzt werden und denjenigen Personen und Unternehmen Schaden anrichten, deren Daten entwendet wurden.

---

[52][Verschlüsselung, 2014a]

Literaturverzeichnis

[Analytics, 2014] Analytics, G. (2014). Abruf am 21.03.2014. *https://www.google. de/analytics/.*

[Apel, 2013] Apel, P. (2013). *Facebook für Einsteiger - PC-Schule für Senioren.* Stiftung Warentest, Düsseldorf.

[Bachmann et al., 2014] Bachmann, R., Kemper, G., and Gerzer, T. (2014). *Big Data - Fluch oder Segen? - Unternehmen im Spiegel gesellschaftlichen Wandels.* Hüthig Jehle Rehm, München, 2014. aufl. edition.

[Big Data, 2014] Big Data, C. (2014). Abruf am 03.04.2014. *http://www. computerwoche.de/k/big-data,3457.*

[Bukold, 2009] Bukold, S. (2009). *Öl im 21. Jahrhundert 1 - Grundlagen und Kernprobleme.* Oldenbourg Wissensch.Vlg, München.

[Cloudcomputing, 2014] Cloudcomputing, D. (2014). Abruf am 26.03.2014. *http://www.cloudcomputing-insider.de/sicherheit/recht-und-datenschutz/articles/ 413571/.*

[Cloudspeicher Vergleichstest, 2014] Cloudspeicher Vergleichstest, P. G. (2014). Abruf am 26.03.2014. *http://www.pcgameshardware.de/Internet-Thema-34041/ Specials/cloud-speicher-kostenlos-vergleich-test-1113680/.*

[Cookies, 2014] Cookies (2014). Abruf am 26.03.2014. *http://www.allaboutcookies. org/ge/cookies/session-cookies-verwendet.html.*

[Cookietracking, 2014] Cookietracking (2014). Abruf am 18.03.2014. *http://www. gruenderszene.de/lexikon/begriffe/cookie-tracking.*

[Daten, 2014] Daten (2014). Abruf am 02.04.2014. *http://www.itwissen.info/ definition/lexikon/Daten-data.html.*

[Dell, 2014] Dell (2014). Abruf am 14.04.2014. *http://www.dell.de/.*

[Dell kauft Starsoft, 2014] Dell kauft Starsoft, Z. (2014). Abruf am 14.04.2014. *http: //www.zdnet.de/88188158/dell-kauft-analytics-firma-statsoft/.*

[Duden, 2014] Duden, a. (2014). Abruf am 30.03.2014. *http://www.duden.de/suchen/ dudenonline/adden.*

[E-Mail Passwörter, 2014] E-Mail Passwörter, S. (2014). Abruf am 14.04.2014. *http://www.spiegel.de/netzwelt/netzpolitik/ e-mail-passwoerter-gestohlen-18-millionen-datensaetze-a-962419.html.*

[Facebook, 2014a] Facebook (2014a). Abruf am 18.03.2014. *http://www.focus.de/digital/internet/facebook/11-fakten-zu-10-/ jahren-facebook-ein-soziales-netzwerk-veraendert-die-welt_id_3588392.html.*

[Facebook, 2014b] Facebook (2014b). Abruf am 18.03.2014. *http://de.statista.com/statistik/daten/studie/151220/umfrage/ taegliche-nutzungsdauer-von-facebook-nach-stundenanzahl/-2009/.*

[Facebook kauft Whatsapp, 2014a] Facebook kauft Whatsapp, F. (2014a). Abruf am 04.04.2014. *http://www.faz.net/ aktuell/wirtschaft/netzwirtschaft/der-facebook-boersengang/ fuer-19-milliarden-dollar-facebook-kauft-whatsapp-12811006.html.*

[Facebook kauft Whatsapp, 2014b] Facebook kauft Whatsapp, S. (2014b). Abruf am 04.04.2014. *http://www.spiegel.de/netzwelt/netzpolitik/ facebook-kauft-konkurrenten-whatsapp-fuer-milliardenbetrag-a-954546.html.*

[Fakten, 2014] Fakten, G. (2014). Abruf am 02.04.2014. *http://www.4stats.de/ developer/google-zahlen-und-fakten-riesige-und-wirklich-interessante-infografik. html.*

[Google, 2014] Google (2014). Abruf am 18.03.2014. *http://www.google.de/intl/de/ about/company/products/.*

[Google Datenschutzverletzung, 2014] Google Datenschutzverletzung, S. (2014). Abruf am 26.03.2014. *http://www.sueddeutsche.de/digital/ -millionen-fuer-datenschutzverletzung-google-muss-rekordstrafe-zahlen-1. 1437532.*

[Google kauft Nest, 2014] Google kauft Nest, S. (2014). Abruf am 14.04.2014. *http://www.spiegel.de/wirtschaft/unternehmen/ google-kauft-nest-labs-fuer-3-2-milliarden-dollar-a-943362.html.*

[Google Produkte, 2014] Google Produkte, G. (2014). Abruf am 16.04.2014. *https: //www.google.de/intl/de/about/products/.*

[Gorski et al., 2013] Gorski, M., Schuld, M., and Wöltje, H. (2013). *Cloud clever nutzen - Der leicht verständliche Überblick.* Haufe Lexware, M, 1. auflage 2013 edition.

[Hoellwarth, 2013] Hoellwarth, T. (2013). *Cloud Migration*. Huethig Jehle Rehm, Muenchen, 3. ueberarbeitete auflage 2013 edition.

[Marken, 2014] Marken (2014). Abruf am 18.03.2014. *http://de.statista.com/statistik/daten/studie/6003/umfrage/die-wertvollsten-marken-weltweit/*.

[Marktanteil, 2014] Marktanteil (2014). Abruf am 18.03.2014. *http://de.statista.com/statistik/daten/studie/222849/umfrage/marktanteile-der-suchmaschinen-weltweit/*.

[Mayer-Schönberger and Cukier, 2013] Mayer-Schönberger, V. and Cukier, K. (2013). *Big Data - Die Revolution, die unser Leben verändern wird*. Redline Wirtschaft, München.

[Mensch, 2014] Mensch, G. (2014). Abruf am 21.03.2014. *http://www.faz.net/aktuell/wirtschaft/internet-der-glaeserne-mensch-12214568.html*.

[NSA, 2014] NSA (2014). Abruf am 14.04.2014. *http://www.nsa.gov/*.

[NSA Rechtschreibung, 2014] NSA Rechtschreibung, D. W. P. (2014). Abruf am 14.04.2014. *http://dieweltpresse.de/nsa-beklagt-deutsche-rechtschreibung/*.

[Philosophy, 2014] Philosophy, G. (2014). Abruf am 21.03.2014. *https://www.google.de/about/company/philosophy*.

[Piwik, 2014] Piwik (2014). Abruf am 21.03.2014. *http://piwik.org/what-is-piwik/*.

[Produktionsfaktor, 2014] Produktionsfaktor (2014). Abruf am 02.04.2014. *http://www.wirtschaft-regional.net/themen/themenportal/it-kommunikation/item/32516-cebit-2014-daten-als-produktionsfaktor*.

[Proxyserver, 2014] Proxyserver (2014). Abruf am 26.03.2014. *http://www.itwissen.info/definition/lexikon/Proxy-Server-proxy-server.html*.

[Runkler, 2009] Runkler, T. A. (2009). *Data Mining -*. Springer DE, Berlin, 2010. aufl. edition.

[Schneider, 2013] Schneider, T. (2013). *Schritt Für Schritt Zum SEO-Profi - Nachhaltige Suchmaschinen-Optimierung - So Erreichen Sie Top Rankings in Google and Co*. CreateSpace Independent Publishing Platform, Ort, 317. aufl. edition.

[Seo-United, 2014] Seo-United (2014). Abruf am 18.03.2014. *http://www.seo-united.de/glossar/affiliate/*.

[Smart Home, 2014] Smart Home, E. (2014). Abruf am 14.04.2014. *https://www.eon. de/de/eonde/pk/energieUndZukunft/Smart_Energy/Smart_Home/index.htm.*

[Spam, 2014] Spam (2014). Abruf am 21.03.2014. *https://www.bsi-fuer-buerger.de/ BSIFB/DE/GefahrenImNetz/Spam/spam_node.html.*

[Test, 2014] Test, C. (2014). Abruf am 26.03.2014. *http://www.test.de/ Daten-in-der-Cloud-Online-Speicherdienste-im-Test-4579657-0/.*

[Topsites, 2014] Topsites (2014). Abruf am 18.03.2014. *http://www.alexa.com/ topsites.*

[Unternehmen, 2014] Unternehmen (2014). Abruf am 02.04.2014. *http://www.pwc.de/de/pressemitteilungen/2013/ die-weltweit-teuersten-unternehmen-kommen-aus-den-usa.jhtml.*

[Verschlüsselung, 2014a] Verschlüsselung (2014a). Abruf am 26.03.2014. *http://www.verbraucher-sicher-online.de/artikel/ geheimsache-persoenliche-daten-schuetzen-durch-verschluesseln.*

[Verschlüsselung, 2014b] Verschlüsselung, C. (2014b). Abruf am 26.03.2014. *http: //www.cloudsider.com/cloud-speicher-verschluesselung.*

[Whatsapp, 2014a] Whatsapp (2014a). Abruf am 14.04.2014. *http://www.whatsapp. com/.*

[Whatsapp, 2014b] Whatsapp, W. (2014b). Abruf am 30.03.2014. *http://de.wikipedia. org/wiki/WhatsApp.*

[Whatsapp Benutzung, 2014] Whatsapp Benutzung, Z. (2014). Abruf am 14.04.2014. *http://www.zeit.de/wirtschaft/unternehmen/2014-02/ infografik-whatspp-nutzer-mitteilungen-taeglich.*